Beatrix Mannel

Wer schläft, wer wacht in der Nacht?

Warum Giraffen eingeklappt schlafen
und Kraken nicht schnarchen

Mit Ölgemälden von Karolina Benz

Rotfuchs

Mein besonderer Dank gilt Professor Gerhard Haszprunar und
Professor Till Roenneberg für ihre Zeit und Unterstützung.
Professor Gerhard Haszprunar hat die Tiertexte zoologisch auf Herz
und Nieren überprüft. Professor Till Roenneberg verdanke ich
interessante Anregungen und Hinweise zum Thema Schlaf.

Originalausgabe
Veröffentlicht im Rowohlt Taschenbuch Verlag,
Hamburg, Oktober 2022
Copyright © 2022 by Rowohlt Verlag GmbH, Hamburg
Lektorat Sophie Härtling
Covergestaltung Cordula Schmidt Design, Hamburg
Coverabbildung Karolina Benz
Lithographie Susanne Kreher
Satz aus der Mendoza
Druck und Bindung Grafisches Centrum Cuno
GmbH & Co. KG, Calbe, Germany
ISBN 978-3-499-00905-1

INHALT

Augen zu und dann?
Traumhafte Fakten über den Schlaf

Ruhst du doch noch oder schläfst du schon?

Schlaf ist nicht einfach nur ein Ruhezustand. Es gibt drei Merkmale, an
denen man erkennen kann, ob ein Mensch nur döst oder schläft. Erstens,
wenn jemand schläft, reagiert er nicht – er gibt z.B. keine Antwort auf
eine Frage. Man kann ihn allerdings aufwecken! Das ist auch schon das
zweite Erkennungszeichen. Denn ein Tier im Winterschlaf oder einen
Menschen, der im Koma liegt, kann man nicht aufwecken. Das dritte An-
zeichen dafür, dass es sich um Schlaf handelt, ist nicht so einfach auf den
ersten Blick zu erkennen. Dazu muss man ein Lebewesen daran hindern
zu schlafen. Wenn es alles tut, um verlorenen Schlaf wieder nachzuholen,
also z.B. am nächsten Tag länger schläft, dann sprechen die Wissenschaftler nicht nur von einem Ruhezustand, sondern von Schlaf.

Was passiert eigentlich, während wir schlafen?

Von außen betrachtet sieht es so aus, als würde außer einem leisen
Schnarchen rein gar nichts passieren: Wir atmen langsamer, unser
Herz schlägt weniger schnell. Unsere Augen sind geschlossen, und
wir liegen mit entspannten Muskeln regungslos im Bett. Nur hin und
wieder drehen wir uns von einer Seite auf die andere. Alles scheint
zur Ruhe gekommen zu sein. Aber dieser Schein trügt! Denn unser
Gehirn läuft gerade jetzt auf Hochtouren.

Schlafen und träumen

Forscher haben herausgefunden, dass wir verschiedene Schlafphasen
durchleben. Besonders wichtig sind die Phasen, in denen wir träumen.
Meistens erkennt man das daran, dass sich die Augen unter den
geschlossenen Lidern wild hin und her bewegen. Diese Phase des

Schlafs nennt man REM-Schlaf. REM ist die Abkürzung von rapid eye movement, das ist Englisch und bedeutet schnelle Augenbewegungen. In dieser Phase träumen wir besonders intensiv, daher sind unsere Muskeln gelähmt, damit wir uns bei den wilden Bewegungen unserer Träume nicht verletzen können.

Warum müssen Menschen schlafen?

Das weiß man immer noch nicht so ganz genau. Sicher ist aber, dass Schlaf unser Immunsystem stärkt. Schlaf ist lebenswichtig, ohne ausreichenden Schlaf werden wir krank. Außerdem werden im Schlaf die Eindrücke des Tages verarbeitet. Informationen und neu erlernte Fähigkeiten werden im Gehirn verankert, damit wir uns an sie erinnern können. Daher schlafen Babys auch viel mehr als Erwachsene, denn sie lernen jeden Tag so viel Neues. Forscher vermuten, dass gerade die REM-Schlafphasen besonders wichtig für unsere Fähigkeit zu lernen sind. Bei Mäusen hat man herausgefunden, dass sich in diesen Phasen das Gehirn tatsächlich «aufzuräumen» scheint und Abfallstoffe entsorgt werden.

Warum schlafen wir nachts?

Unsere innere Uhr richtet sich nach dem Rhythmus von Licht und Dunkelheit, also dem Wechsel von Tag und Nacht. Wenn morgens Licht durch unsere Augen zum Gehirn gelangt, werden Stoffe in unserem Körper ausgeschüttet, die uns wach und aktiv machen. Wenn es dunkel wird, stoppt auch die Produktion dieser Stoffe. Dann werden wir müde und fangen an zu gähnen.

Müssen alle Lebewesen schlafen?

Sicher ist, dass alle Lebewesen schlafen, die ein Gehirn haben. Doch sogar Tiere ohne Gehirn, wie z. B. die Mangrovenqualle, scheinen hin und wieder ein Nickerchen zu brauchen!
Wissenschaftler fanden heraus, dass auch Tiere neu gelernte Fähigkeiten im Gehirn verfestigen, während sie schlafen. Zum Beispiel lernen junge Zebrafinken das Singen am besten, wenn sie ausreichend schlafen und nachts die tagsüber gehörten Melodien in ihren Träumen wiederholen.
Ob Pflanzen schlafen, wird noch erforscht. In jedem Fall kann man auch bei Pflanzen aktive Zeiten und Ruhephasen beobachten, die mit dem Licht zusammenhängen. Viele Pflanzen rollen bei Einbruch der Nacht ihre Blätter zusammen und strecken sich erst morgens wieder dem Sonnenlicht entgegen.

Schlafen alle Lebewesen nachts?

Nein. Für viele Tiere ist es sicherer, wenn sie nachts auf die Jagd gehen. So werden sie nicht so schnell zum Opfer für andere. Außerdem können sie so ihre Beute leichter überraschen. Auch die Temperaturen spielen eine große Rolle. In den Gegenden, wo es sehr heiß ist, wie in Afrika oder in den Tropen, ist es für Tiere angenehmer, in der kühlen Nacht aktiv zu werden. Viele nachtaktive Tiere haben dazu besondere Fähigkeiten entwickelt, die du in den folgenden Kapiteln kennenlernen kannst.

Wie schlafen Tiere?

Der Mensch und die meisten Säugetiere werden im Schlaf nahezu bewegungslos, weil ihre Muskeln dann erschlaffen. Vögel und Meerestiere können jedoch auch in Bewegung schlafen. Der Mauersegler kann im Fliegen schlafen, weil sein Flügelschlag genauso automatisch geschieht wie unsere Atmung, denn wir atmen ja auch im Schlaf einfach weiter! Delfine haben diesen Atemreflex nicht und müssen zum Luftholen immer wieder an die Wasseroberfläche schwimmen. Daher haben sie den sogenannten Halbseitenschlaf entwickelt. Eine Hälfte ihres Gehirns schläft, was man daran erkennt, dass sie ein Auge geschlossen haben, das andere passt auf. Später wird die Seite dann gewechselt.
Viele Tiere halten nur kurze Nickerchen, weil es gefährlich ist, die Umgebung nicht aufmerksam zu beobachten. Tiere mit weniger Feinden verschlafen viele Stunden des Tages, wie z. B. die Weltmeister im Schlafen: die Löwen.

Wo schlafen Tiere?

Auch wenn sich Tiere nicht wie wir in ein Bett legen, suchen viele Tiere für ihren Schlaf Zuflucht in einer Höhle oder ihrem Bau. So sind sie sicher vor ihren Fressfeinden, denen sie sonst schutzlos ausgeliefert wären. Bienen schlafen in leeren Honigwaben, Ameisen suchen sich in ihrem Nest ein Plätzchen. Fledermäuse klammern sich mit ihren fünf bekrallten Zehen an einen Ast und hängen sich kopfüber daran. Auch Vögel schlafen auf Ästen. Wenn sie sich hinsetzen, knickt das Gelenk zwischen Fuß und Unterschenkel ein, dann schnappen die Krallen fest um den Zweig, und der Vogel kann schlafen, ohne vom Baum zu fallen. Wenn er wieder losfliegen will, muss er kräftig mit den Flügeln schlagen und seine Beine strecken, um diesen Klammergriff wieder zu lösen.

Noch mehr «tierische Schlafzimmer»
findest du am Ende des Buches!

Der Elefant ist nicht nur das größte Landsäugetier, sein Rüssel ist auch die längste Nase im ganzen Tierreich. Sie ist ganz ohne Knochen, aber mit Tausenden von Muskeln ausgestattet. Deshalb können die Elefanten damit riechen und trinken, sich mit Wasser und Sand duschen, schnorcheln und trompeten.

Unverzichtbarer Rüssel

Mit dem Rüssel begrüßen sie andere Elefanten, können damit aber auch kämpfen und schlagen. Einerseits schaffen sie es, damit Bäume auszureißen, und andererseits heben sie mit seiner Hilfe sogar kleinste Samen von der Erde auf. Das hilft ihnen dabei, täglich bis zu 300 Kilogramm Blätter, Wurzeln, Rinden und Früchte zu fressen, denn Elefanten ernähren sich nur von Pflanzen!

Mit den Füßen hören – das geht!

Auch ihre Füße sind etwas ganz Besonderes, denn mit ihnen können sie sogar hören. Dazu lehnen sich die Elefanten auf ihre Vorderfüße, so als würde man auf Zehenspitzen in einem hochhackigen Schuh laufen. Ihre Sohlen sind dick mit Fett gepolstert und helfen dabei, die Schwingungen des Bodens zu übertragen. Auf diese Weise spüren die Elefanten aus mehr als zehn Kilometer Entfernung, wenn andere Tiere sich nähern. Sie «hören» sogar, wenn es weit entfernt regnet. Dann ändern sie ihre Route durch die Savanne, um an das frische Wasser zu gelangen, denn davon trinken sie jeden Tag ungefähr 200 Liter. Das ist eine ganze Badewanne voll!

Elefantenträume

Bis zu siebzehn Stunden ziehen sie täglich durch die Savanne. Wird man da nicht sehr müde? Elefanten nicht! Denn auch beim Schlaf stellen sie Rekorde auf! Im Durchschnitt schlafen sie nur zwei Stunden pro Tag, meistens am frühen Morgen. Wenn sie sich jedoch bedroht fühlen oder Raubtiere den Elefantenbabys gefährlich werden könnten, schaffen sie es sogar, bis zu sechsundvierzig Stunden am Stück wach zu bleiben.

Normalerweise schlafen Elefanten im Stehen, aber alle drei bis vier Tage legen sie sich für etwa eine Stunde hin. Tierforscher vermuten, dass sie genau in dieser Zeit träumen und wichtige Erfahrungen verarbeiten und so ihre Erinnerungen speichern. Dieser Schlaf im Liegen sorgt also dafür, dass die Elefanten ein sprichwörtlich so gutes Gedächtnis haben!

Die Gartenkreuzspinne ist mit siebzehn Millimeter Länge eine der größten einheimischen Spinnen. Man erkennt sie an dem Kreuz auf ihrem Hinterleib, das verschiedene Farben haben kann. Spinnen gibt es auf der ganzen Welt, allein in Deutschland leben über tausend verschiedene Arten.

Netzkunst

Die Gartenkreuzspinne ist nachts aktiv, weil dann die meisten
ihrer Fressfeinde schlafen. Diese Zeit nutzt sie, um ihr großes
Radnetz neu zu weben. Zuerst spinnt sie einen Brückenfaden, den
sie zu einem benachbarten Ast oder zu einer Mauernische wirft.
Wenn er angedockt ist, baut sie das Gerüst für ihr Netz. Erst danach zieht sie mit dem jetzt klebrigen Spinnfaden von außen nach
innen die Fangspiralen, in denen sich später ihre Beute verfängt.
Für dieses Kunstwerk braucht sie etwa eine halbe Stunde.

Ins Netz gegangen

Die Spinne ist über einen Alarmfaden mit dem Netz verbunden und wartet entweder in der Mitte des Netzes oder in der Nähe darauf, dass ein Insekt im Netz landet. Dann wird durch das Zappeln der Beute der Alarmfaden bewegt. Die Spinne eilt zu ihrem Fang und umwickelt ihn mit einem Spinnfaden. Das geschieht ganz schnell, damit das Netz durch das Zappeln nicht zerstört wird. Schließlich rammt die Spinne ihre beiden Giftklauen in ihre Beute und verflüssigt mit ihrem Verdauungssaft den Körper ihres Fangs, damit sie ihn später aussaugen kann. Das ist wichtig, denn die Spinne kann nicht kauen. Manchmal frisst sie ihre Beute nicht gleich, sondern behält sie als Vorrat.

Traumfänger?

Während die Gartenkreuzspinne stundenlang auf Beute wartet, döst und schläft sie, aber nicht sehr tief. Schon bei der kleinsten Erschütterung im Netz ist sie sofort wieder hellwach. Die acht sehr kleinen Spinnenaugen sind starr und können daher nicht auf REM-Phasen untersucht werden. Schade! Acht Augen in voller Bewegung – was für magische Träume da wohl gesponnen würden ...

Bestimmt hast du schon mal die Redensart gehört, dass jemand Augen und Ohren wie ein **Luchs** hat, oder? Tatsächlich kann der Luchs ein Kaninchen in einer sternenklaren Nacht aus 200 Meter Entfernung entdecken, weil er mit seinen gelbbraunen Augen sechsmal so gut sehen kann wie wir. Er hört auch viel besser als wir Menschen, ihm entgeht nicht mal eine Maus, die siebzig Meter weit entfernt durch das Unterholz huscht. Ein Reh bemerkt er in einer stillen Nacht sogar noch aus 500 Metern.

Pinsel an den Ohren

Ob und wie genau die Haarbüschel, die wie circa
fünf Zentimeter lange Pinsel an seinen Ohren abstehen,
zu seinem guten Gehör beitragen, weiß man noch
nicht ganz genau. Bisher vermutet man, dass sie ihm
dabei helfen, den Schall zu orten, d. h. den Ort des
Beutetieres genau festzustellen. Auch der auffallende
Backenbart in seinem Gesicht unterstützt ihn wahrscheinlich bei der Orientierung in der Nacht.

Ein ausgewachsener Luchskater
ist ungefähr so groß wie ein ausgewachsener Schäferhund und kann
bis zu zwanzig Kilo schwer werden.
Sein geflecktes Fell sorgt dafür, dass
er auch tagsüber im Wald zwischen
den Bäumen kaum zu sehen ist.
Jeder Luchs hat ein etwas anderes
Fellmuster.

Nachts auf Beutezug

All diese besonderen Fähigkeiten braucht der Luchs, weil er von der Abenddämmerung bis zum Sonnenaufgang im Wald bei der Jagd ist. Er ist ein Fleischfresser, der allein lebt und jagt. Auf der Suche nach einem Reh, Hasen oder Fuchs schleicht er sich bis etwa zwanzig Meter an seine Beute heran und wartet ab, bis er sie mit einem einzigen Sprung überraschen kann. Entkommt ihm das Opfer, dann hetzt er ihm nicht nach, wie es ein Wolf tun würde, sondern er gibt auf.

Erwischt er seine Beute, dann tötet er sie mit einem gezielten Biss in die Kehle. Hat er ein Reh gefangen, frisst er sich satt und versteckt die Beute. Jeden Abend kehrt er wieder zurück, bis er fast alles aufgefressen hat. Der Luchs braucht im Durchschnitt täglich ein bis zwei Kilo Fleisch, um bei Kräften zu bleiben.

Schlafen im Jagdrevier

Von der anstrengenden nächtlichen Jagd ruht der Luchs sich tagsüber in einem seiner Verstecke aus. Die findet er in Fels- und Baumhöhlen oder unter abgebrochenen Ästen. Weil sein Jagdrevier riesig ist, nämlich bis zu 400 Quadratkilometer groß – das sind 56 000 Fußballplätze! –, hat er in seinem Revier immer mehrere Ruheplätze.

Der Wal ist ein Säugetier, das im Meer lebt. Es gibt über neunzig verschiedene Arten von Walen, auch Delfine gehören zu der Familie der Wale. Um schlafen zu können, ohne zu ertrinken, haben sie ganz besondere Techniken entwickelt, wie zum Beispiel der Pottwal.

Einfach mal abschalten

Als Säugetiere brauchen die Wale Luft zum Atmen, und dazu müssen sie auftauchen. Weil das Atmen bei ihnen nicht automatisch geschieht, muss ihr Gehirn dafür sorgen, dass sie an die Wasseroberfläche schwimmen. Deshalb darf immer nur eine Hälfte ihres Gehirns schlafen, während die andere wach bleibt. Dieser Halbseitenschlaf sorgt dafür, dass der Wal regelmäßig zum Luftholen nach oben taucht, außerdem kontrolliert er mit dem wachen Auge seine Umgebung und kann Gefahren frühzeitig erkennen.

Im Stehen schlafen

Forscher haben entdeckt, dass Pottwale, anders als alle anderen Wale, im Schlaf vertikal im Wasser treiben. Das sieht aus, als würden sie auf ihrer Schwanzflosse stehend schlafen. Entweder ganz nah an der Wasseroberfläche oder in etwa zehn Meter Tiefe. In dieser Zeit holen sie weder Luft, noch beobachten sie ihre Umgebung. Sie schlafen also wahrscheinlich wie wir Menschen mit beiden Gehirnhälften. Pottwale schlafen vielleicht deshalb auch weniger als zwei Stunden, während z. B. Grauwale fast die Hälfte des Tages im halbseitigen Schlaf verbringen.

Schlaflos im Meer

Die Kälber, so nennt man die Babys und Jungtiere von Schwertwalen und Kleinen Tümm-
lern, scheinen in den ersten Wochen nach der
Geburt gar keinen Schlaf zu brauchen. Alle
drei bis dreißig Sekunden schwimmen sie an
die Wasseroberfläche, um Luft zu holen. Erst
nach etwa vier Wochen legen die Kleinen
längere Ruhephasen ein. Das hat die Forscher
sehr verblüfft, denn eigentlich benötigen
gerade neugeborene Säugetiere sehr viel Schlaf,
um sich gesund zu entwickeln. Die Wissenschaftler vermuten, dass die Kälber ständig
in Bewegung sind, um sich vor Feinden zu
schützen und um warm zu bleiben. Denn den
dicken Walspeck, der sie vor der Kälte schützt,
müssen sie sich erst noch anfressen.

«Uhuuuuuu …», so ruft im Februar und März das Uhumännchen sehnsüchtig nach einem Weibchen. Diese klagenden und ein bisschen unheimlich klingenden Laute, die immer nur in der Dämmerung ertönen, haben dem **Uhu** seinen Namen eingebracht.

Augen und Ohren offen halten

Der Uhu ist der größte Vogel aus der Familie
der Eulen. Er wird bis zu siebzig Zentimeter
groß und hat eine Flügelspannweite von
1,80 Metern, das ist etwa die Länge vom Bein
einer Giraffe!

Seine Augen liegen nicht seitlich am Kopf, wie bei den meisten anderen
Vögeln, sondern vorn, so wie beim Menschen. Deshalb sieht es so aus,
als ob er uns mit seinen riesigen Augen direkt anschauen würde. Der Uhu
braucht diese großen Augen, damit er auch im Licht der Dämmerung
noch etwas sehen kann, denn erst dann fängt der Uhu an zu jagen. Sobald
die Nacht ganz hereingebrochen ist, verlässt er sich aber vor allem auf
seine «Ohren». Dabei hat ein Uhu gar keine richtigen Ohren, auch wenn
die Federn an seinem Kopf wie Ohren aussehen. Stattdessen hat er Ohr-
öffnungen am Kopf, die von Federn verdeckt werden. Diese Federn bilden
einen Trichter, durch die der Schall gebündelt wird, so können Uhus fünf-
bis zehnmal besser hören als der Mensch.

Überraschungsangriff bevorzugt

Der Uhu fliegt nicht sehr schnell, daher ist es für ihn besonders wichtig, dass er völlig geräuschlos auf die Jagd gehen kann. Nur so kann er einen Überraschungsangriff auf seine Beute starten. Am liebsten frisst er Mäuse, Ratten, Igel, Hasen, Kaninchen und Vögel. Um vollkommen lautlos an seine Opfer heranfliegen zu können, ist der Uhu mit speziellen Federn ausgestattet. An den Hinterkanten seiner Flügel flattert eine Art Fransensaum, der die großen Luftwirbel des Flügelschlags in viele kleinere verteilt. Die Federn selbst sind mit einem feinen Flaum bedeckt und dadurch sehr viel luftdurchlässiger als z. B. die Flügel von Tauben. Das alles sorgt dafür, dass der Uhu nahezu unhörbar durch die Nacht gleitet.

Vogelwecker

Tagsüber versteckt sich der Uhu auf einem alten Baum oder Felsen und ruht sich von der Jagd aus. Eigentlich ist er mit seinem Federkleid in den verschiedenen Brauntönen auch gut getarnt. Doch manchmal wird der schlafende Uhu trotzdem von Krähen und Greifvögeln entdeckt, die ihn attackieren. Erst wenn sich der Uhu dann drohend aufplustert und laut mit dem Schnabel klappert, lassen sie ihn weiterschlafen.

Das Flusspferd lebt im tropischen Afrika. Man findet es an flachen und ruhigen Gewässern, denn im kühlen Wasser ist seine Haut besser vor der Sonne geschützt, auch gibt es keine Überhitzung. Außerdem ist es im Wasser viel leichter und braucht weniger Energie als an Land. Das Flusspferd schleppt nämlich bis zu viereinhalb Tonnen mit sich herum, und damit ist es nach dem Elefanten und dem Nashorn das drittgrößte Landsäugetier.

Unglaubliche Verwandte

Obwohl das Flusspferd das Pferd in seinem Namen hat, ist es gar nicht mit dem Pferd verwandt, sondern mit dem Wal. Genau wie Wale kann das Flusspferd untertauchen und durch seine Nasenlöcher große Wasserfontänen ausstoßen. Außerdem verständigt es sich mit seinen Artgenossen unter Wasser mit Klicklauten, die wir Menschen nicht hören können. Anders als der Wal ist das Flusspferd aber kein besonders guter Schwimmer. Es lässt sich einfach ins Wasser sinken und läuft dann am Grund entlang. Zum Auftauchen stößt es sich ab und gelangt durch den Auftrieb des Wassers wieder nach oben.

Ein bisschen Gras muss sein

An Land ist das Flusspferd trotz seiner kurzen Beinchen dann überraschend schnell, es kann in kurzen Sprints bis zu dreißig Stundenkilometer schnell werden. So aktiv wird es aber erst mit dem Einbruch der Dämmerung und nachts, wenn es in der afrikanischen Savanne kühler ist. Dann begibt es sich auf Nahrungssuche. Es ernährt sich nur von Pflanzen, am liebsten von saftigem Gras. Bis zu fünfunddreißig Kilo muss das Flusspferd jede Nacht fressen, um bei Kräften zu bleiben. Das dauert fünf bis sechs Stunden, und in dieser Zeit legt das Flusspferd bis zu zehn Kilometer zurück.

Tauchen und schlafen

Wenn das Flusspferd nachts so aktiv ist, wann schläft
es denn? Natürlich tagsüber! Dann döst oder schläft
es etwa zwölf Stunden. Abgesehen von kurzen Sonnen-
oder Schlammbädern schlummert es meistens im Wasser,
oft sogar unter Wasser. Bis zu fünf Minuten kann es
untertauchen. Während seiner Nickerchen verschließen
sich seine Ohren und die Nase, zum Luftholen kommt es
dann automatisch an die Wasseroberfläche. Danach sinkt
es friedlich weiterschlafend wieder nach unten.

Der Krake ist ein superkluges Weichtier, das als Einzelgänger auf dem Boden der Ozeane lebt. Kraken sind in der Dämmerung oder nachts aktiv und gehen dann auf die Jagd. Dazu hat ein Krake eine Menge Tricks auf Lager!

Tintenfische

Wie die Sepien oder die Kalmare können Kraken bei Gefahr
auch eine Wolke von violettschwarzer Tinte absondern, um
ihre Feinde zu verwirren und deren Geruchssinn lahmzulegen.
Diesen Moment nutzt der Krake dann, um Wasser in seine
Mantelhöhle einzusaugen und es dann schlagartig wieder
auszustoßen. Das wirkt wie ein Raketenstart, und der
Krake schießt dabei rückwärts davon und kann flüchten.
Kraken gehen in der Nacht auf die Jagd. Sie fressen
Muscheln, Krebse, Krabben, Schnecken und Fische.

Krakenträume

Kraken schnarchen natürlich nicht, weil sie ja
auch beim Schlafen durch ihre Kiemen atmen!
Aber Forscher haben bei der Beobachtung
schlafender Kraken etwas Interessantes entdeckt: Der schlafende Krake verändert ständig
die Farbe. Was hat das zu bedeuten? Noch weiß
man es nicht ganz genau, aber es ist sehr wahrscheinlich, dass der Krake träumt! Vielleicht
ganz ähnlich wie wir. Jede Farbe des Kraken
spiegelt eine Erinnerung oder ein Gefühl, das
der Krake tagsüber erlebt hat.

Meister der Tarnung

Zum Jagen müssen Kraken ihre sichere
Umgebung verlassen. Das ist nicht unge-
fährlich, aber Kraken können sich meister-
haft tarnen. Wie machen sie das?
Am wichtigsten ist dabei ihre Haut, denn die sorgt
dafür, dass sie sich perfekt dem Untergrund anpassen
können. Unter der Haut gibt es Tausende von elastischen
Beuteln, die mit verschiedenen Farbpigmenten gefüllt sind.
Kraken können aber nicht nur die Farbe wechseln, sondern
auch die Beschaffenheit ihrer Tentakel verwandeln und sie
echt aussehen lassen, wie Sand, Kies oder Korallen. Der
Mimikry-Krake kann sogar andere gefährliche Tiere nach-
ahmen. So versteckt er sich z. B. in einem Spalt und lässt
dort rechts und links je einen seiner Arme herausbau-
meln, die er dann in schwarz-weiße Ringel verfärbt.
Das sieht für räuberische Fische so aus, als würde
sich hier eine hochgiftige Seeschlange verbergen,
der man besser nicht zu nahe kommt.

Die Giraffe lebt in der Savanne in Afrika und ist nicht nur wegen ihres langen Halses und ihrer Größe von fast sechs Metern – das sind zwei übereinandergestapelte Fußballtore – ein erstaunliches Tier! Auch die dunkelblaue, fast schwarze Zunge der Giraffen ist einzigartig, die ist nämlich einen halben Meter lang und von einer dicken Hornschicht umgeben. So ist die Giraffenzunge gut geschützt vor den Dornen ihrer Lieblingsspeise, den saftigen Akazienblättern.

Nervenkitzel Schlaf

Nachts wird es für die Giraffen gefährlich.
Deshalb bewacht mindestens eine der
Giraffen den Rest der ruhenden Herde.
Eine Hälfte der Nacht bleiben die Giraffen
aktiv, d. h., sie gehen, stehen oder fressen.
In der anderen Hälfte legen sie sich hin.
Das geschieht in einem bestimmten Rhyth-
mus: Sobald es dunkel wird, ruhen sie zwei
Stunden, dann sind sie zwei Stunden aktiv.
Maximal schlafen sie drei bis viereinhalb
Stunden in der Nacht, aber immer nur ein
paar Minuten am Stück. Dazu muss sich
eine Giraffe nicht unbedingt hinlegen, sie
kann auch im Stehen schlafen.

Nur zusammengeklappt ins Land der Träume

Wenn es träumen will, dann muss sich dieses sechs Meter große Wesen
hinlegen, und das sieht natürlich sehr eindrucksvoll aus: Die Beine liegen
zusammengeklappt unter dem Körper, und der Hals ist so verdreht, dass
die Giraffe den Kopf auf einem ihrer Hinterbeine ablegen kann. So ver-
hindert sie, dass ihr Kopf auf den Boden knallt, während sie träumt. Diese
Traumphase dauert bei der Giraffe höchstens bis zu zwei Minuten und vierzig Sekunden. Mehr wäre in der afrikanischen Savanne auch sehr gefährlich!
Denn wenn sich Fressfeinde nähern, darf es nicht zu lange dauern, bis die
Giraffe sich aus ihrem zusammengeklappten Zustand wieder zu ihrer vollen
Länge erhoben hat. Vor allem das Herz hat dabei viel zu leisten, da es das
Blut mehr als drei Meter hoch ins Gehirn pumpen muss.

Gefährlicher Durst

Die saftigen Akazienblätter sind wichtig für die Giraffe, weil sie besonders viel Feuchtigkeit enthalten. So muss die Giraffe nur alle zwei Tage Wasser trinken. Denn das Trinken an einem Wasserloch ist für die Giraffe sehr gefährlich! Dazu muss sie nämlich die besonders langen Vorderbeine sehr weit auseinanderspreizen, um mit dem Kopf zu einer Wasserstelle am Boden zu kommen. In dieser gebückten Haltung ist sie völlig wehrlos und könnte so leicht zur Beute von Fressfeinden wie Löwen werden.

Der winzige Koboldmaki
lebt auf Bäumen in den Wäldern von
Südostasien. Zwergkoboldmakis wiegen
nur fünfzig Gramm, also nur so viel wie
etwa fünfundzwanzig Gummibärchen,
die größten wiegen auch nur dreimal
so viel, nämlich 150 Gramm.

Augen, groß wie ein Gehirn

Die Koboldmakis sind Primaten, also Affen. Anders als die meisten anderen Primaten fressen sie aber nur Fleisch, und sie sind ausschließlich nachts aktiv. Genau deshalb haben sie auch diese riesigen Augen, von denen jedes einzelne so viel wiegt wie das Gehirn der Tiere! Die Augen haben sich so gewaltig entwickelt, damit die Koboldmakis in der Dunkelheit besser sehen können. Durch ihre Größe können die Augäpfel in den Augenhöhlen allerdings nicht bewegt werden. Daher haben die Koboldmakis eine Fähigkeit entwickelt, die man sonst nur von den Eulen kennt: Sie können als einzige Säugetiere ihren Kopf um 360 Grad drehen!

Duett in der Nacht

Wenn die Sonne untergegangen ist, fangen die Koboldmakis für etwa zwei Minuten an zu singen, Weibchen und Männchen wechseln sich dabei ab wie in einem tierischen Duett. Man vermutet, dass damit der Zusammenhalt in der Gruppe gestärkt und das Revier nach außen markiert wird. Manche Arten der Koboldmakis gehen dann allein auf ihre nächtliche Nahrungssuche, manche in Gruppen.

Dschungeljagd

Mit ihren großen Fingern fangen die Koboldmakis
Insekten, aber auch Spinnen und kleine Frösche,
Vögel oder Schlangen, teilweise sogar aus der Luft.
Sie halten sich dazu meist nur etwa einen halben
Meter über dem Boden auf und bewegen sich mit
einer Technik aus Klettern und Springen durch
den Wald. Mit ihren starken Hinterbeinen können
sie bis zu fünf Meter weit springen. Ihr Schwanz
hilft ihnen dabei, ihre Bewegungen zu steuern. So
können sie auch aus dem Stand mit nur einem
Sprung Beute erwischen. Die töten sie mit einem
Biss und fressen sie mit dem Kopf zuerst.

Zusammen ins Bett

Wenn die Sonne aufgeht, suchen sich die Koboldmakis dann ihre
Schlafplätze. Sie lieben dichten Pflanzendschungel, etwa zwei Meter
über dem Boden. Nur wenige Koboldmaki-Arten schlafen lieber
allein. Die meisten bevorzugen es, in der Gruppe zu schlafen, eng
aneinander kuscheln sich aber nur die Mütter und ihre Jungen.

Der Tiger ist die größte Raubkatze der Welt und lebt in Asien. Man findet ihn in Sumpf- und Graslandschaften, tropischen Regenwäldern, aber auch in den kalten Nadelwäldern der Taiga. Mit seinem goldorangen, schwarz gestreiften Fell ist er in all diesen Lebensräumen optimal getarnt. Jeder Tiger hat ein einzigartiges Fellmuster, an dem man ihn erkennen kann.

Im Auge des Tigers

Tagsüber hält der Tiger gut getarnt im Gras oder zwischen Sträuchern seine Nickerchen und ist meistens nur in der Dämmerung oder nachts aktiv. Mit seinen Augen kann er in der Dunkelheit sechsmal besser sehen als der Mensch. Wie unsere Katzen hat der Tiger eine Zellschicht in seinem Auge, die alles Licht reflektiert, das schon durch seine Netzhaut in sein Auge gedrungen ist. So erklärt sich das faszinierende Leuchten im Hintergrund der Katzenaugen. Es ist natürlich auch tagsüber da, aber wir Menschen können es nur sehen, wenn es dunkel ist.

Einsamer Jäger

Anders als die Löwen jagt der Tiger am liebsten allein. Weil er nicht auf die Hilfe eines Rudels zählen kann, muss er viel aktiver werden, um an seine Beute zu kommen. Zwischen zwanzig und hundert Kilometer legt er dafür täglich zurück. Er frisst nur Fleisch. Auf seinem Speiseplan stehen Hirsche und Wildschweine, aber auch Elche, Büffel und Tapire. Hin und wieder sogar Bären!

Auf leisen Samtpfoten

Er ist berüchtigt für sein absolut lautloses Anschleichen. Obwohl
Tiger zwischen 200 und 300 Kilo schwer werden können, schaffen sie
Sprints mit einem Tempo von bis zu sechzig Stundenkilometern! Da
sie über viel stärkere Beinmuskeln als Löwen verfügen, können sie aus
dem Stand bis zu drei Meter hoch springen. Nur zum Klettern sind sie
zu schwer, deshalb sieht man sie selten auf Bäumen. Anders als alle
anderen Katzenarten sind Tiger sehr gute Schwimmer und können sogar
Flüsse durchqueren, die zehnmal so breit sind wie der Rhein.

Der Fregattvogel lebt in tropischen und subtropischen Gegenden am Meer. Die Tiere bauen ihre Nester am liebsten in die Wurzeln von Mangrovenwäldern. Die meiste Zeit seines Lebens verbringt ein Fregattvogel jedoch in der Luft. Pro Tag fliegt er auf der Suche nach Futter bis zu 400 Kilometer, das entspricht der Strecke von Hamburg nach Frankfurt!

Fressen in der Luft

Der Fregattvogel schnappt sich Fliegende Fische, jagt aber auch anderen Vögeln in der Luft die Beute ab. Außerdem stibitzt er Eier aus fremden Nestern. Er muss sich so viel in der Luft aufhalten, weil seine Federn im Unterschied zu denen anderer Vögel nicht wasserabweisend sind und sich vollsaugen würden. Außerdem sind seine Beine sehr kurz und die Füße nicht zum Schwimmen geeignet.

Im Fliegen schlafen – geht das?

Tagsüber bleiben die Fregattvögel immer hellwach. Sie schlafen erst am frühen Abend, kurz nach dem Einbruch der Dunkelheit, aber nur dann, wenn sie ausreichend hoch fliegen und die Winde ihren Flug so gut unterstützen, dass sie mühelos durch die Luft segeln können. Innerhalb von vierundzwanzig Stunden schlafen sie im Schnitt nur zweiundvierzig Minuten und davon nur zwölf Sekunden am Stück. Sind die Fregattvögel jedoch an Land, dann schlafen sie bis zu zwölf Stunden lang. Man vermutet, dass die Vögel auf diese Weise Schlaf nachholen können, genau wie wir Menschen!

Im Fliegen träumen?

Fregattvögel können zwar wie Wale und Delfine mit nur einer Gehirn-hälfte schlafen, aber sogar in ihren kurzen Schlafphasen gibt es den Traum-Schlaf, der ja nur stattfinden kann, wenn beide Gehirnhälften gleichzeitig schlafen. Erstaunlicherweise müssen sich die Vögel dazu nicht hinlegen, so wie wir Menschen oder Säugetiere. Während unsere Muskeln dann schlaff werden, bleiben die Muskeln der Vögel auch beim Träumen angespannt. Deshalb können sie beim Träumen fliegen, wohingegen wir nur im Traum fliegen können!

Der Europäische Biber ist das größte
Nagetier auf unserem Kontinent. Er ist ein guter
Schwimmer und lebt an Bächen, Flüssen und
Seen. Doch der Biber verbringt nur zwei bis drei
Stunden täglich im Wasser, den Rest seiner Zeit
ist er an Land, oder er schläft tagsüber in seinem
gemütlichen Bau. Denn aktiv wird er immer
nur in der Dämmerung oder nachts.

Die gemütliche Biberburg

Der Biber legt in der Uferböschung einen Bau an, seine
Biberburg, die er ein ganzes Leben lang bewohnt. Auch
seine Kinder und Enkel bleiben in der Biberburg. Die
Eingänge zu seinem Bau liegen immer unter Wasser, weil
das für den Biber und seine Familie sicherer ist. Wenn
das Wasser in der Umgebung des Baus unter einen halben Meter sinkt, legt der Biber Dämme an, damit sich das
Wasser staut und der Eingang wieder unter Wasser ist.

Sägt er noch oder frisst er schon?

Sind nirgendwo Feinde zu entdecken, verlässt der Biber
seinen Bau und kümmert sich um Baumaterial und Nahrung. Mit seinen messerscharfen orangefarbenen Vorder-
zähnen fällt er dann ganze Bäume oder dicke Äste. Die
orange Farbe kommt von einer dicken eisenoxidhaltigen
Schmelzschicht, die seine Zähne widerstandsfähig macht.
Doch auch wenn er viel Holz zersägt, er frisst es nicht.
Denn er liebt Knospen, junge Triebe von Weiden und
Pappeln, Schilf und Wasserpflanzen, Kräuter und Gräser
aus dem Uferbereich, im Winter auch Baumrinden.

Wintervorrat

Der Biber legt für seine gesamte Familie einen Vorrat
für den Winter an, den er ganz in der Nähe seines Baus
in dem sogenannten Nahrungsfloß sammelt. Selbst
wenn sein Gewässer dann oben von einer dicken Eis-
schicht überzogen ist, kann der Biber einfach kurz vor
die Tür schwimmen und seine Familie zwischen zwei
Nickerchen mit Nahrung versorgen.

Meeresschildkröten findet man in tropischen und subtropischen Meeren, aber auch im Mittelmeer. Obwohl sie mitten im Meer leben, sind sie Lungenatmer: Sie müssen zum Luftholen an die Wasseroberfläche kommen.

Schlafen und atmen

Wenn sie wach sind, dann schnappen sie alle fünf bis vierzig
Minuten Luft. Wenn sie schlafen, und das tun sie bis zu zwölf
Stunden täglich, müssen sie nur alle vier bis sieben Stunden
auftauchen. Ihr Tag-und-Nacht-Rhythmus richtet sich dabei,
genau wie unserer, nach dem der Sonne.
Aber es gibt eine ganz wunderbare Ausnahme, in der die Nacht
für die Meeresschildkröten überlebenswichtig wird. Denn dann
geht es um die Schildkrötenbabys!

Zurück zu den Wurzeln

Die weiblichen Meeresschildkröten schwimmen zur Eiablage immer an den Ort zurück, an dem sie selbst auf die Welt gekommen sind. Im Mittelmeer legt die Unechte
Karettschildkröte etwa am Sandstrand von Kreta oder Zakynthos ihre Eier ab.
Dazu schwimmt sie nah an den Strand, wartet ab, bis es ganz dunkel geworden ist,
kriecht dann mühsam aus dem Wasser auf den Sand. Dort sucht sie eine Stelle aus,
an der sie mit den Hinterbeinen eine Grube gräbt, in die sie ihre bis zu hundert Eier
legt. Das ist keine leichte Aufgabe, denn wenn sie zu tief gräbt, kann die Sonne die
Eier nicht ausbrüten, und wenn sie das Nest zu weit oben anlegt, können die Eier von
anderen Tieren, wie Krabben, Hunden, Katzen oder Seevögeln, entdeckt und gefressen
werden. Nachdem sie die Eier vergraben hat, kriecht sie zurück ins Wasser und über-
lässt der Sonne das Ausbrüten ihrer Jungen.

Vollmondbabys

Wenn es dann so weit ist, dass die Jungen schlüpfen können, geschieht das auch in der Nacht. Denn nur dann sind die schutzlosen kleinen Schildkröten sicher vor ihren Fressfeinden. Meistens schlüpfen sie bei Vollmond, der ihnen den Weg zum Meer zeigt. Das ist der gefährlichste Moment im Leben einer Meeresschildkröte. Wenn sie es ins Meer geschafft hat, ist sie in Sicherheit. Natürlich muss sie dann erst einmal viel fressen, denn bei ihrer Geburt wiegt sie nur so viel wie eine Erdbeere, also etwa zwanzig Gramm! Erwachsene Meeresschildkröten werden aber bis zu 200 Kilo schwer! Erst wenn die kleine Meeresschildkröte noch ein bisschen größer und ihre Rückenpanzer dicker gehärtet sind, ist sie dann also ganz sicher vor Fressfeinden und kann endlich beruhigt schlafen.

Luxus-Baumbett täglich frisch!

Die bis zu hundert Kilo schweren **Orang-Utans** bauen sich jeden Abend ein neues Schlafnest – so schützen sie sich vermutlich vor Parasiten. Diese Betten bauen sie in zehn bis zwanzig Meter Höhe über der Erde. Der Orang-Utan verflicht dafür flexible Äste zu einem starken Grundgerüst, das bis zu einem Meter lang und achtzig Zentimeter breit sein kann. Diese Basis wird dann mit feinen Ästen und Blättern ausgepolstert, bis eine weiche Matratze entstanden ist. Jeder Orang-Utan hat ein eigenes Nest. Die Jungtiere schlafen so lange bei ihren Müttern, bis sie dann nach etwa fünf (!) Jahren ein perfektes eigenes Nest bauen können. Forscher haben übrigens herausgefunden, dass Orang-Utans sich auch Gute Nacht sagen!

Schleim gegen Feinde

Die bunten **Papageienfische** leben in Korallenriffen im Meer, wo sie sich gegen viele Fressfeinde wehren müssen. Um gut schlafen zu können, haben sie etwas ganz Besonderes entwickelt: Sie umhüllen sich jeden Abend neu mit einem wasserdurchlässigen Kokon aus einem von der Haut abgesonderten Schleim, der sie vor ihren Feinden schützt!

Stockbetten

Selbst fleißige **Honigbienen** brauchen Schlaf! Ob eine Biene schläft, erkennt man daran, dass ihre Antennen (so nennt man bei Bienen die Fühler) ganz entspannt nach unten hängen. Außerdem wippt ihr Hinterteil nicht mehr so schnell auf und ab wie im Wachzustand.
Doch nicht alle Bienen in einem Stock schlafen gleichzeitig. Die jungen Bienen reinigen die Waben, produzieren Wachs für neue Waben, füttern und versorgen den Nachwuchs und die Königin im Zentrum des Stocks. Diese Arbeiterinnen suchen sich dort in der Nähe eine leere Wabe und schlafen mehrmals am Tag und in der Nacht.

Später, wenn die Biene zu einer Honigbiene geworden ist, muss sie tagsüber wach sein, um möglichst viel Nektar zu sammeln. Der versteckt sich in den Blüten, die sich im Licht der Sonne öffnen. Sie schläft daher meistens in der Nacht und sucht sich dazu einen Platz am äußeren Rand des Stocks. Für die Honigbiene ist ausreichend Schlaf ganz besonders wichtig, denn ohne ihn kann sie den Bienentanz, der den anderen Bienen den Weg zu ergiebigen Nektarquellen weist, nicht fehlerfrei zeigen!

Auf den Kopf gestellt

Die nachtaktiven **Fledermäuse** hängen sich zum Schlafen kopfüber auf. Wenn wir Menschen mit den Füßen nach oben schliefen, würde uns das ganze Blut in den Kopf fließen. Bei der Fledermaus pumpt ihr Kreislauf das Blut sofort wieder zurück in ihren Körper. Aber wie schafft es die Fledermaus, im Schlaf nicht hinunterzufallen? Der Trick liegt in den Beinen der Fledermaus. Sie haben eine besondere Sehne, die von der Kralle bis zum Knie verläuft und mit vielen kleinen Widerhaken versetzt ist. Sobald sich die Fledermaus festkrallt, rastet die Sehne an den Widerhaken ein, und die Fledermaus bleibt so ganz ohne Kraftanstrengung in dieser Position. Während ihres Winterschlafs kann sie sogar problemlos über mehrere Monate kopfüber «abhängen»!

Unter einer Decke

Der nachtaktive **Siebenschläfer** sieht ähnlich aus wie eine Maus, hat aber einen elf bis fünfzehn Zentimeter langen buschigen Schwanz, den er blitzschnell abwerfen kann, falls er von einem Fressfeind gepackt wird. Zum Glück wächst ihm dann wieder ein neuer Schwanz nach, denn den braucht er nicht nur zum Balancieren und Klettern, sondern er benutzt ihn auch als warme Decke, wenn er sich zu seinem Winterschlaf hinlegt.
Ganz ähnlich machen es die kleinen ockerfarbenen **Milton-Springaffen**, die im südlichen Amazonasgebiet hoch oben in den Baumkronen der Regenwälder leben, wo sie sich hauptsächlich von Früchten ernähren. Sie hüllen sich nachts zum Schlafen nämlich komplett in ihren langen orangefarbenen Schwanz, mit dem sie ihren Körper umwickeln.

Beatrix Mannel hat als Kind nachts- und manchmal auch tagsüber vom Bücherschreiben geträumt. Doch bevor das wahr werden konnte, arbeitete sie als Redakteurin und Autorin für Fernsehen und Radio. Heute schreibt sie Bücher für Kinder, Jugendliche und Erwachsene, die in viele Sprachen übersetzt wurden, und neuerdings träumt sie vom Fliegen.

Karolina Benz ist Malerin und Illustratorin. Ihre Bilder entstehen immer analog. Jede Malerei in diesem Buch ist ein Ölgemälde. Heute lebt sie tief im Wald und bleibt genauso wie die Gartenkreuzspinne und der Uhu gerne lange wach.